essentials

essentials liefern aktuelles Wissen in konzentrierter Form. Die Essenz dessen, worauf es als „State-of-the-Art" in der gegenwärtigen Fachdiskussion oder in der Praxis ankommt. *essentials* informieren schnell, unkompliziert und verständlich

- als Einführung in ein aktuelles Thema aus Ihrem Fachgebiet
- als Einstieg in ein für Sie noch unbekanntes Themenfeld
- als Einblick, um zum Thema mitreden zu können

Die Bücher in elektronischer und gedruckter Form bringen das Expertenwissen von Springer-Fachautoren kompakt zur Darstellung. Sie sind besonders für die Nutzung als eBook auf Tablet-PCs, eBook-Readern und Smartphones geeignet. *essentials:* Wissensbausteine aus den Wirtschafts, Sozial- und Geisteswissenschaften, aus Technik und Naturwissenschaften sowie aus Medizin, Psychologie und Gesundheitsberufen. Von renommierten Autoren aller Springer-Verlagsmarken.

Weitere Bände in der Reihe http://www.springer.com/series/13088

Christian Obermeier

Der Ratgeber für dein BWL Studium

Von der Uniwahl bis zur Thesis

Christian Obermeier
Worms, Deutschland

ISSN 2197-6708 ISSN 2197-6716 (electronic)
essentials
ISBN 978-3-658-24938-0 ISBN 978-3-658-24939-7 (eBook)
https://doi.org/10.1007/978-3-658-24939-7

Die Deutsche Nationalbibliothek verzeichnet diese Publikation in der Deutschen Nationalbibliografie; detaillierte bibliografische Daten sind im Internet über http://dnb.d-nb.de abrufbar.

Springer Gabler ist ein Imprint der eingetragenen Gesellschaft Springer Fachmedien Wiesbaden GmbH und ist ein Teil von Springer Nature
Die Anschrift der Gesellschaft ist: Abraham-Lincoln-Str. 46, 65189 Wiesbaden, Germany

Was Sie in diesem *essential* finden können

- Eine realistische Darstellung des BWL Studiums
- Ratschläge für eine passende Studienwahl
- Tipps für die Semester und Klausurenplanung
- Erläuterung zur fachlichen Spezialisierung im Studium
- Persönliche Erfahrungen aus dem Studium

Vorwort

Vorweg ist zu sagen, dass dies ein Erfahrungs- und Tatsachenbericht ist. Dementsprechend kann man folgende Seiten nicht als allgemeingültig für jede Person darstellen, sondern sollte sie als Wegweiser verstehen. Ziel dieses Buches ist es, dich möglichst gut auf ein Betriebswirtschaftliches Studium vorzubereiten und dir die Informationen zu geben, die viele meiner Kommilitonen und ich mir vorweg gewünscht hätten. So erkläre ich in diesem Buch anfangs die BWL im Allgemeinen und gehe dann auf die studienrelevanten Themen ein. Dabei erkläre ich anhand der Erfahrungen von Kommilitonen und mir selbst, wie wir das Studium wahrnehmen, was uns weitergeholfen hat und was eher behindert sowie, welche Entscheidungsmöglichkeiten sich einem vor und während des Studiums bieten. Vom Finden des passenden Studienganges und der Universität, bis hin zur richtigen Bachelorthesis.

Um den Schreibfluss dieses Ratgebers zu verbessern, nutze ich den Begriff „Universität/Uni" anschließend auch für Hochschulen und Fachhochschulen.

Christian Obermeier

Inhaltsverzeichnis

Einleitung

1

„Der Ratgeber für dein BWL Studium" ist ein Ratgeber zum Finden und zur Organisation eines passenden BWL Studienganges. Die einzelnen Kapitel greifen dabei ineinander und bilden das Gesamtbild eines typischen BWL-Studienganges ab.

Er liefert somit in kurzen Kapiteln ein kompaktes Wissen darüber, auf welche Punkte man vor und während des Studiums achten sollte. Dadurch wird ein leichter Einstieg in die behandelte Thematik möglich und die eigene Organisation diesbezüglich verbessert.

© Springer Fachmedien Wiesbaden GmbH, ein Teil von Springer Nature 2019 1
C. Obermeier, *Der Ratgeber für dein BWL Studium*, essentials,
https://doi.org/10.1007/978-3-658-24939-7_1

Was ist BWL? 2

Die (Allgemeine-)Betriebswirtschaftslehre, bzw. kurz BWL, ist ein Sammelbegriff. Im Groben versteht man darunter die Behandlung übergreifender Aufgabenfelder des unternehmerischen Handelns. Man kann also sagen, alle Aufgaben, die zur Verwaltung eines Unternehmens notwendig sind, werden hier behandelt. Dazu gehören unter anderem die Abteilungen der Finanzierung, Investition, Produktion, Forschung und Entwicklung, Marketing oder der buchhalterischen Tätigkeiten. Dies bedeutet im Rückschluss auch, dass man nach einem BWL Studium in der Regel nicht als Manager, sondern als Facharbeiter in das Berufsleben einsteigt. Einige meiner Kommilitonen waren über diese Tatsache sehr überrascht und dachten, sie würden direkt nach dem Bachelor- oder Masterabschluss Entscheidungs- und/oder Personalverantwortung erhalten. Diese Illusion ist auch im Internet und in der Gesellschaft weit verbreitet, entspricht jedoch nicht der Tatsache, dass man sich nach dem Studium in eine solche Position immer erst hocharbeiten muss [1].

2.1 Was macht BWL aus/was kann mir BWL bieten?

Die BWL zeichnet sich vor allem durch ihre Vielfältigkeit aus. So ist es während des Studiums oft möglich, den Fokus auf mehrere Themenschwerpunkte zu legen (siehe Kap. 6. Curriculum), beispielsweise auf Marketing und Vertrieb oder Human Resources und Logistik, aber auch (Wirtschafts-)Politik. Durch diese breite Aufstellung kann man nach Abschluss des Studiums in vielen verschiedenen Bereichen eines Unternehmens eingesetzt werden und sich dort dann weiter spezialisieren. Zum Vergleich sind die Möglichkeiten nach Abschluss anderer Studiengänge meist stärker beschränkt. Nach einem Architekturstudium beispielsweise kann man als Architekt oder für die Stadtplanung arbeiten. Viele

© Springer Fachmedien Wiesbaden GmbH, ein Teil von Springer Nature 2019
C. Obermeier, *Der Ratgeber für dein BWL Studium,* essentials,
https://doi.org/10.1007/978-3-658-24939-7_2

weitere Optionen bieten sich jedoch auf den ersten Blick nicht. Anders in der BWL, bei der nach Abschluss sämtliche Verwaltungsabteilungen aller verschiedenen Branchen für die Jobauswahl offenstehen (sofern man sich hierfür qualifiziert hat, versteht sich). Dies verspricht letztlich ein hohes Maß an Flexibilität, was potenzielle Arbeitgeber betrifft. Das gilt auch für den Arbeits- und Einsatzort nach dem Studium, da unternehmerisches Handeln in jedem Unternehmen gefragt ist. So gibt es kaum ein Land, das einem nicht offen stehen würde.

Jedoch sind Unterschiede innerhalb der verschiedenen BWL-Studiengänge zu beachten, welche man vor der Wahl des Studiums vergleichen sollte. Diese können sonst dazu führen, dass man sich eventuelle Spezialisierungsmöglichkeiten verschließt.

2.2 Welche Unterschiede gibt es bei den BWL-Studiengängen?

Es gibt eine Vielzahl an BWL-Studiengängen mit den unterschiedlichsten Bezeichnungen. Diese zu durchschauen kann einige Mühen kosten, ist jedoch nicht schwer. Als erstes sollte man in die „Allgemeine Betriebswirtschaftslehre" und in „den Rest" unterteilen:

Die allgemeine BWL ist einfach erklärt. Dies sind alle Studiengänge, die von den Universitäten/Hochschulen etc. nur mit BWL betitelt werden. Ein Beispiel hierfür ist der Studiengang „Betriebswirtschaftslehre" der Universität Augsburg [2]. Ist ein solcher Studiengang auf Englisch angegeben, wie zum Beispiel beim Studiengang „Business Administration – Betriebswirtschaftslehre (BWL)" der Hochschule für Wirtschaft und Recht Berlin [3], so wird hier meist derselbe Inhalt vermittelt wie beim deutschsprachigen Pendant. Jedoch sind hier dann viele oder alle Vorlesungen auf Englisch! Selbiges gilt für Studiengänge mit dem Zusatz „International" im Namen; wie es beim Studiengang „Internationale Betriebswirtschaftslehre (B.SC.)" der Universität Bamberg [4] der Fall ist.

Der „Rest" sind alle anderen Studiengänge, die unter dem Begriff Betriebswirtschaftslehre zusammengefasst sind. Diese erkennt man meist an Begriffen im Namen wie: Management, Wirtschaft, Handel und ähnlichem. Auch hier gelten die oben genannten Angaben bezüglich Studiengängen in englischer Sprache und dem Namenszusatz „International". Ob es sich dann letztlich um einen Betriebswirtschaftsstudiengang handelt, findet man durch einen Blick in die Beschreibung der Studiengänge der anbietenden Universität heraus. Diese meist spezifischer gefassten Studiengänge sollte man sich immer genau durchlesen, sodass man am Schluss nicht mit einem stark politiklastigen Studium konfrontiert wird, wenn man eigentlich den Fokus bevorzugt auf Logistik gelegt hätte.

Dies zeigt: hauptsächlich unterscheiden sich die „Allgemeine Betriebswirtschaftslehre" und der „Rest" der BWL-Studiengänge im Vorlesungsangebot; das heißt in den behandelten Fächern und Themen der Vorlesungen. So werden in der allgemeinen BWL die klassischen unternehmerischen Handlungen und deren Grundlagen unterrichtet. Beispiele hierzu sind Fächer wie: Statistik, Mathematik, Buchführung, Allgemeinwissen der Betriebswirtschaftslehre, oder auch Logistik und zunehmend E-Commerce. Bei den „restlichen" Studiengängen wird jeweils ein anderer oder zusätzlicher Schwerpunkt gesetzt. Diese können teilweise stark von der allgemeinen BWL abweichen. Ein Beispiel ist der Studiengang „Bachelor International Relations and Management" der Hochschule Regensburg [5]. Dort werden einem kaum mathematische Fächer nahe gebracht, sondern Politik, Management und interkulturelle Kompetenzen fokussiert.

Nachdem nun die Unterschiede geklärt sind, stellt sich die Frage, welchen dieser Studiengänge man denn wählen sollte?!

Ist dies das richtige Studium für mich? 3

In erster Linie sollte man sich hierbei klar machen, dass man selbst entscheiden muss, welchen Studiengang man wählt. Denn lässt man sich hierbei zu stark von Freunden oder Familie beeinflussen, kann dies dazu führen, dass man einen für die eigene Persönlichkeit vollkommen falschen Studiengang wählt und/oder man sich damit eventuelle Zukunftspläne verbaut.

Deshalb ist es wichtig, dass man sich selbst gut darüber informiert, welche Studiengänge es gibt und damit auch möglichst früh beginnt. In meinem Fall war es so, dass ich mir nach dem Fachabitur ein Jahr Zeit genommen habe, um zu arbeiten und nebenbei nach dem passenden Studium zu suchen. Letztlich sind ein paar Wochen effektiver Suche aber ausreichend.

Um nun den für sich passenden Studiengang zu finden, sollte man vor der eigentlichen Suche einige Punkte beachten:

Übersicht
- Welche Themen interessieren mich innerhalb der BWL (Politik, Controlling, Human Resources, etc.)?
  Dies ist wichtig, um ein Studium mit den richtigen Schwerpunkten zu finden.
- Kann ich mit diesen Schwerpunkten meinen Traumjob erreichen (sofern vorhanden)?
- Werden Vorpraktika oder besondere Kenntnisse für den Studiengang vorausgesetzt?
  Das heißt, muss ich vor dem Studium bereits ein spezifisches Praktikum erfüllt haben, um zugelassen zu werden, oder muss ich zum Beispiel besondere Sprachkenntnisse für das Studium mitbringen?

© Springer Fachmedien Wiesbaden GmbH, ein Teil von Springer Nature 2019
C. Obermeier, *Der Ratgeber für dein BWL Studium*, essentials,
https://doi.org/10.1007/978-3-658-24939-7_3

- Bietet mir die Universität alle Möglichkeiten, die ich mir wünsche? Beispielsweise an angebotenen Fremdsprachen oder Partneruniversitäten in den Ländern, die mich für ein Auslandssemester interessieren würden.
- Ist mir der Ort des Studiums egal (kann ich zu Hause wohnen oder ziehe ich weg)? Sowohl ich selbst als auch viele meiner Freunde und Kommilitonen hatten in Worms, wo wir studieren, das Problem, unglücklich mit dem vorhandenen kulturellen Angebot zu sein. Es gibt kein Nachtleben, wenig Studenten und kaum Freizeitangebote für Jugendliche und junge Erwachsene. Gerade wenn man anderes gewohnt ist, kann einen dies schwerer treffen, als man meint. In meinem Fall hat sich dieser Mangel in psychischem Stress und schlechten Leistungen in den ersten Semestern abgezeichnet, bis ich mich an die Stadt gewöhnt hatte. Viele andere haben das Studium jedoch aus diesem Grund abgebrochen und sind in andere Städte gewechselt. Deshalb sollte man sich bewusst machen, in welche Stadt/Region man zieht und ob man dies denn auch wirklich will.
- Welche finanziellen Kosten entstehen und wie kann ich diese bedienen? Bekomme ich BAföG, bezahlen meine Eltern für mich, muss/will ich nebenher arbeiten und ist dies zeitlich überhaupt mit dem Studium vereinbar?

Sinnvoll ist es, sich hierfür eine kurze Checkliste anzulegen mit den Punkten, die einem persönlich am wichtigsten sind. Dann trägt man dort alle Universitäten/ Hochschulen/etc. ein und arbeitet diese ab. Dadurch erkennt man oft sehr schnell, welche der Unis denn nun wirklich für einen relevant sind und welche nicht. Beispiel (siehe Tab. 3.1):

Tab. 3.1 Beispiel Checkliste

Uni/Stadt	Kultur/Bars/	Kursangebot	Freizeit
Beispiel 1	Viele	Wunschkurs fehlt	Wald und Sportplatz
Beispiel 2	Wenige	Wunschkurs vorhanden	Ruderklub und Schwimmbad

3.1   Wie finde ich das passende Studium für mich?

Um Studiengänge zum Vergleichen zu finden, gibt es unzählige Möglichkeiten z. B.:

- Kann man Freunde und Verwandte fragen, ob diese Vorschläge oder Erfahrungen haben.
- Viele Universitäten bieten Tage der offenen Tür, bei der sie sich und ihre Studiengänge vorstellen.
- Es besteht die Möglichkeit, nach Unis in Städten zu googeln, die einen interessieren und in denen man gerne wohnen würde, um dort die angebotenen Studiengänge zu vergleichen.
- Ebenso kann man direkt nach BWL-Studiengängen googeln und sich dann durch die Vielzahl an Angeboten klicken. Es gibt jedoch auch Webseiten, welche einem die Suche vereinfachen. Beispielsweise bieten https://www.study-in.de [6] oder www.bachelor-and-more.de [7] hier viele Möglichkeiten zur spezifischeren Suche.
- Klassische Webseiten zur Suche sind auch noch www.studienwahl.de [8] und www.hochschulkompass.de [9]
- Aber auch die Bundesarbeitsagentur bietet unter https://www.arbeitsagentur.de/bildung/studium [10] ein großes Angebot.

3.2   Welche Spezialisierungen wähle ich im Studium?

Fast allgemein gültig ist, dass man nach den verpflichtenden Grundkursen in einem Studiengang meist die Möglichkeit hat, frei aus einer Reihe von Spezialisierungen wählen zu können. Diese bauen auf das in den Grundkursen vermittelte Wissen auf und erweitern dieses. Bei der Wahl der Spezialisierung ist es wichtig, sich darüber Gedanken zu machen, welchen beruflichen Wunsch man hat. Dies gilt vor allem dann, wenn man vorhat, nach dem Bachelorstudium bereits zu arbeiten, da man mit der Wahl der Spezialisierung potenziellen Arbeitgebern zeigt, worauf man Wert legt. Einfach gesagt: wer in das Recruiting will, aber keine Spezialisierung „Human Ressource" im Studium wählt, zeigt im Auge von Unternehmen nicht wirklich Interesse an diesem Berufswunsch. Will man jedoch direkt noch einen Master im Anschluss zum Bachelor absolvieren, ist dies weniger wichtig, da man sich im Master dann auf das Wunschfach festlegen kann.

Zusammenfassend gilt für die Wahl der Spezialisierung also
- Welche angebotenen Spezialisierungen interessieren mich?
- Welchen Berufswunsch habe ich?
- Und werde ich im Anschluss an dieses Studium arbeiten oder weiter studieren?

Hilfreich für die Wahl ist es auch, zuerst das Pflichtpraktikum zu absolvieren (sofern im Studium enthalten), da sich die eigenen Präferenzen im Anschluss an dieses oft nochmals ändern können.

So habe ich mein Praktikum bei der BASF im Controlling absolviert und festgestellt, dass mir Zahlen zwar liegen und ich den Job gut erledigen kann, jedoch gerne mehr kreativen Spielraum hätte, in dem ich um die Ecke denken und Schlüsse ziehen muss.

Ebenfalls sollte man darauf achten, ob eine Spezialisierung in jedem Semester angeboten wird. So konnten viele meiner Kommilitonen Vorlesungen nicht wählen, die sie eigentlich gerne belegen wollten, da diese nur alle zwei Semester angeboten werden. Das kann passieren, wenn man ein Auslandssemester belegt und somit genau dann nicht an der Universität ist, wenn der Kurs angeboten wird. Gleiches gilt auch für ein Praktikum oder jeden anderen Grund, aus dem man ein Semester lang nicht an der eigenen Universität ist. Somit ist es sinnvoll, dies von vornherein abzuklären. Leider kann man auch Pech haben und ein Kurs fällt, wie in meinem Fall, aus, da sich ein Professor ohne Ankündigung für ein Sabbatical (ein Semester Auszeit von der Universität, um zu forschen, etc.) entscheidet. Findet sich dann an der Universität kein Ersatzdozent, fällt ein Kurs komplett für ein Semester weg und man muss warten oder sich eben für ein anderes Fach in der Spezialisierung entscheiden.

3.3   Ist ein Wechsel in einen anderen Studiengang sinnvoll?

Während des Studiums kommt es durchaus vor, dass man rätselt, ob der gewählte Studiengang immer noch das Richtige für einen ist. Davon sollte man sich jedoch erst mal nicht entmutigen lassen. Kaum ein Student, den ich kennen gelernt habe, hatte diese Gedanken nicht und gerade in den Prüfungsphasen ist es ganz normal, einmal zu zweifeln. Hält so ein Gefühl aber länger an, sollte man sich doch Gedanken über Alternativen machen. Solche Zweifel können dadurch auftreten, wenn man erkennt, dass die möglichen Jobaussichten doch nichts für einen sind oder aber auch, dass der Studiengang zu schwer ist. Ein Teil meiner Kommilitonen hat zum Beispiel den Studiengang an der Hochschule gewechselt, da ein anderer BWL-Studiengang an derselben Hochschule bekanntermaßen leichter zu bestehen ist. Dies kann auch durchaus Sinn machen, wenn man zum Beispiel durch mehrfaches Nichtbestehen einer Klausur kurz vor der Exmatrikulation steht. Dadurch kann man eine solche Prüfung oft umgehen (was einem die Last von den Schultern nehmen kann) und da die Grundkurse in den meisten allgemeinen BWL- Studiengängen gleich sind, kann man sich die bereits bestandenen Fächer im neuen Studiengang anerkennen lassen. Dies bedeutet, dass die im alten Studiengang bereits bestandenen Kurse mitsamt den Noten in den neuen Studiengang übernommen werden. Der Vorteil ist dabei, dass man keine oder nur wenig Zeit dadurch verliert, da man nicht komplett von vorne anfangen muss zu studieren.

Anders sieht die Sache aus, wenn man sich dazu entscheidet, etwas komplett anderes zu studieren, außerhalb der betriebswirtschaftlichen Fächer. Hier verliert man in der Regel alle bestandenen Kurse und kann sich diese nicht anrechnen lassen. Dieser Schritt wird auch immer schwerer zu entscheiden, je länger man bereits studiert. Steht man kurz vor dem Abschluss, will man nicht alles Erreichte wegwerfen, um etwas Neues zu probieren. Somit ist es also sinnvoll – falls man bereits früh im Studium mit den Gedanken an einen kompletten Wechsel spielt – diese auch ordentlich zu durchdenken und nicht auf später hinauszuschieben. Ansonsten steht man nur unglücklich vor einem Abschluss, den man dann vielleicht gar nicht mehr will. Letztlich kann sich ein Wechsel aber dennoch für einen persönlich lohnen.

So finden sich in meinem Freundes- und Bekanntenkreis viele „Wechsler", die ihre Entscheidung keine Sekunde bereuen. Sei es der Informatikstudent, der nach einem Semester nicht mehr wollte und jetzt seinen Master als Kameramann abgeschlossen hat, oder die Managementstudentin, die nach vier Semestern lieber zu einem sozialen/kulturellen Studiengang gewechselt hat.

Eine generelle Antwort, ob ein Wechsel (also) sinnvoll ist, kann ich nicht geben, aber ich kann aus Erfahrung dazu anregen:

- Ja, wenn man merkt, der Studiengang ist einem zu schwer.
- Ja, wenn man etwas anderes in Aussicht hat, das einem definitiv besser liegt/ gefällt.
- Ja, wenn es einem den psychischen Druck nehmen kann und somit Krankheit/ Depression vorbeugt.
- Nein, wenn man nur kurzfristig mit dem Gedanken spielt, ohne konkret werden zu wollen.
- Nein, wenn man kurz vor dem Abschluss steht (denn dann kann man den auch durchziehen und danach neu anfangen – macht sich besser im Lebenslauf;-)).

Welche Universität passt zu mir?

Wie auch bereits unter dem Punkt „Ist dies das richtige Studium für mich?" angesprochen, ist es wichtig, dass man sich an der Universität wohlfühlt. Hat man die Wahl zwischen mehreren Studiengängen und Unis, sollte man sich die Zeit nehmen, die Universitäten einmal zu besuchen, um einen Eindruck von diesen und den Städten um sie herum zu erhalten. Hat man dann bei einer ein besseres Gefühl, sollte man auch zu dieser tendieren. Denn – wie gesagt – haben viele ehemalige Kommilitonen ihr Studium abgebrochen, da sie mit der Stadt und der Universität nicht warm geworden sind. Den Faktor Wohlfühlen am Studienort sollte man demnach nicht unterschätzen, da sonst Gesundheit und Noten darunter leiden könnten. Zudem sollte das Kursangebot natürlich auch passen!

4.1 Was ist der Vorteil von kleinen/großen Universitäten?

Ob man eine kleine oder große Universität besucht, ist für den Erfolg oder das Ansehen des Studiums erst mal egal. Hierbei geht es rein um persönliche Präferenzen. Sowohl kleine als auch große Universitäten haben hierbei ein paar Unterschiede, die man je nachdem positiv oder negativ sehen kann.

Kleine Universitäten
- Bieten mehr Kontakt zu den Dozenten. Hat man hier ein Verständnisproblem in einem Fach, so hat der Dozent meistens schnell Zeit für einen oder kann das Thema sogar noch mal in der Vorlesung wiederholen. In großen Unis mit 300+ Studenten im Hörsaal kann man das

© Springer Fachmedien Wiesbaden GmbH, ein Teil von Springer Nature 2019
C. Obermeier, *Der Ratgeber für dein BWL Studium*, essentials,
https://doi.org/10.1007/978-3-658-24939-7_4

eher vergessen. Vor allem auch, da die Dozenten nach der Vorlesung sofort verschwinden und lange brauchen, um auf Emails zu antworten (Ausnahmen gibt es aber natürlich auch hier).

- Persönlichere Betreuung: viele meiner Dozenten kennen Kommilitonen und mich beim Namen und erkundigen sich bei einem, ob man denn mitkommt und wie es einem geht. Dies bietet den Vorteil, dass man offen über Vieles sprechen kann. Dadurch bekommt man gute Ratschläge für das Studium, aber auch für die Arbeitswelt mit an die Hand. Zudem ist es so leichter, über potenzielle Bachelorthesen zu sprechen, und der Betreuer ist so schnell gefunden. In großen Unis kann dies schon mal einige Monate dauern.
- Der Zusammenhalt unter den Studenten ist hoch. Wenn eine Uni nur 3000 Studenten hat, kennt man sich und ist schnell mitten drin im Geschehen. Egal, ob Bildungsevents, Buddy-Programme oder Partys, man bekommt eigentlich alles mit.
- Man benötigt kaum Termine: Vor den Büros der Studienverwaltung oder der Dozenten warten vielleicht ein bis zwei Personen. Das heißt, man kommt eigentlich immer dran, wenn man etwas benötigt.

Große Universitäten

- Die Wahrscheinlichkeit, dass es in einem Semester nicht alle Kurse gibt, ist gering, da es mehr Ersatzdozenten gibt.
- Es gibt oft mehr studentische Angebote, egal ob im Sport oder bei anderen Freizeitaktivitäten.
- Man ist anonymer: Da es viel mehr Studenten gibt, versinkt man mehr in der Masse und man fällt weniger auf(positiv und negativ).
- Das Zusatzangebot bezüglich Fremdsprachen oder anderer Fächer ist meist größer als bei kleinen Unis.
- Mehr Verbindungen: Oftmals haben große Universitäten ein starkes Netzwerk von Firmen im Hintergrund, welche potenzielle Arbeitnehmer abwerben oder bevorzugt einstellen.
- Es gibt mehr Gelder vom Staat. Sowohl für die Einrichtung der Universität als auch für Stipendien und dergleichen haben größere Unis generell mehr Budget. Diesbezüglich hat man dann mehr Ressourcen zur Verfügung, aber durch mehr Studenten auch mehr Konkurrenz(zum Beispiel bei der Nutzung lizenzierter Software der Uni, Stipendienvergabe, etc.).

Nicht vergessen, die Angaben beziehen sich immer auf meine persönlichen Erfahrungen an meiner Hochschule sowie auf die Erfahrungen von Kommilitonen oder Freunden auf anderen Universitäten.

Dies ist somit lediglich ein genereller Überblick und nicht für alle Unis allgemeingültig.

4.2   Welchen Unterschied haben öffentliche und private Universitäten?

Ob man eine öffentliche oder eine private Universität besucht, ist an sich egal. Viele öffentliche Hochschulen haben einen ausgezeichneten Ruf, wie beispielsweise die Universität Heidelberg für Medizin oder die Universität Mannheim für Wirtschaft. Deshalb ist es ein Irrglaube, dass private Universitäten einem eine bessere Bildung ermöglichen. Fakten sind schließlich immer gleich. Ein erheblicher Vorteil bei privaten Universitäten ist jedoch die Größe der Vorlesungen. Hier sind oftmals viel weniger Studenten je Dozent in einer Vorlesung, wodurch mehr Zeit ist, Fragen detaillierter zu behandeln. Der generelle Unterschied liegt aber eher darin, dass viele private Unis enge Kooperationen mit Firmen pflegen und man somit oft direkt für diese empfohlen wird oder man sich empfehlen lassen kann. Dies ist möglich, da die privaten Unis ihre Studiengänge an die Anforderungen jener speziellen Firmen anpassen. Das ist zwar sehr angenehm für den Einstieg in diese Firmen, will man jedoch zu einer anderen, die nicht in Kooperation mit der Uni steht, kann dies dadurch möglicherweise schwieriger werden. Deshalb sollte man bei der Wahl zwischen öffentlichen und privaten Einrichtungen immer vergleichen, wie welches Wissen vermittelt wird und welche Kooperationen bestehen, um dann die beste Entscheidung für sich selbst zu treffen.

4.3   Wie unterscheiden sich Universitäten und Hochschulen/Fachhochschulen?

Der einzige für Studenten wichtige Unterschied ist hier die Art der Inhaltsvermittlung. In Universitäten wird mehr die Theorie und in Hoch-/Fachhochschulen mehr die Praxis betont. Als Beispiel: wenn es zehn verschiedene Methoden zur Berechnung einer Finanzierung gibt, werden in einer Uni, überspitzt gesagt, alle zehn Methoden gelehrt und in der Hochschule nur die drei in der Wirtschaft gängigen und wie diese konkret in der Wirtschaft zum Einsatz kommen. Welche Methode der Wissensvermittlung man persönlich bevorzugt, ist einem dann letztlich durch die Wahl der Bildungseinrichtung selbst überlassen.

Was ist der Unterschied bei der Anzahl der Semester innerhalb eines Studienganges? {5}

Inhaltlich unterscheiden sich die beiden Systeme erst mal nicht vom vermittelten Wissen. Der Unterschied liegt bei einem verpflichtenden Praktikum, das man bei einem siebensemestrigen Studiengang in der BWL absolvieren muss. Da Firmen auch für Praktikanten mittlerweile den Mindestlohn zahlen müssen, sind diese erpicht darauf, Pflichtpraktikanten einzustellen, da diese geringer bezahlt werden können [11]. Dadurch sind hier die Chancen größer, ein interessantes Praktikum zu ergattern. Der Nachteil für Studenten ist jedoch, nicht gerade viel für seine Arbeit zu bekommen. Letztlich ist ein Praktikum aber eine gute Vorstellung in einem Unternehmen und wenn man sich hier bewährt, kann es durchaus zu Jobangeboten und dergleichen kommen. Auch gewinnt man dadurch erste Berufserfahrung, die sich im Lebenslauf nie schlecht macht. Der Vorteil eines sechssemestrigen Studienganges ist, dass man ein halbes Jahr früher in die Arbeitswelt oder in den Master starten kann. Gerade wenn man bereits vor dem Studium Arbeitserfahrung im gewünschten Beruf gesammelt hat, ist dies attraktiv. Bei Unentschlossenen und Studenten ohne Arbeitserfahrung ist jedoch die siebensemestrige Option meist die bessere Wahl. Für mich als vorerst eher unentschlossenem Studenten hat es sich auf jeden Fall ausgezahlt, um mehr Gewissheit über meinen Berufswunsch zu erhalten. Wie sich die jeweiligen Studiengänge dann zusammensetzen, findet man immer im Curriculum oder der Studiengangbeschreibung.

An dieser Stelle wäre ein Beispiel für einen siebensemestrigen Studiengang mein eigener in Worms (International Business Administration and Foreign Trade Bachelor of Arts (B.A.) an der HS Worms).

(https://www.hs-worms.de/iba-bachelor/) [12]

Und ein Beispiel für einen BWL-Studiengang mit sechs Semestern ist International Business & Economics (IBE) der Universität Augsburg.

(https://www.wiwi.uni-augsburg.de/ibe/studienverlauf/) [13]

© Springer Fachmedien Wiesbaden GmbH, ein Teil von Springer Nature 2019
C. Obermeier, *Der Ratgeber für dein BWL Studium*, essentials,
https://doi.org/10.1007/978-3-658-24939-7_5

Curriculum 6

Das Curriculum ist sozusagen der Stundenplan fürs Studium. In ihm sind sämtliche zu erfüllende Klausuren und Projekte aufgelistet, die du in deinem Studium bestehen musst. Also nehmen wir nun ein Beispielcurriculum zur Veranschaulichung:

In der Abb. 6.1 sehen wir den gesamten Aufbau eines Studienganges. So sind die ersten vier Semester für Grundlagen der BWL reserviert. Hierzu zählen zum Beispiel

- Statistik
- Mathematik
- VWL (Volkswirtschaftslehre)
- Und Englisch (Fremdsprache I–V)

Im fünften Semester ist ein Praxissemester vorgesehen und im Anschluss daran im sechsten und siebten Semester die zu wählenden Spezialisierungen und die Bachelorthesis.

6.1 Worauf muss ich achten?

Vorweg gleich das **Wichtigste:** Die Reihenfolge, in der man die Klausuren schreibt und die Kurse belegt, ist frei wählbar. Das heißt, man kann sich aussuchen, wann man welchen Kurs belegt und die Klausur dazu schreibt. Nur eine geringe Zahl an Studiengängen weicht hiervon ab und schreibt die Reihenfolge der zu schreibenden Klausuren vor!

Gerade in den ersten Semestern sind in den Curricula oft sehr viele Vorlesungen vorgesehen. Dadurch wollen die Universitäten herausfinden, wer sich selbst organisieren und anpassen kann. Ich hätte zum Beispiel im ersten Semester

© Springer Fachmedien Wiesbaden GmbH, ein Teil von Springer Nature 2019
C. Obermeier, *Der Ratgeber für dein BWL Studium*, essentials,
https://doi.org/10.1007/978-3-658-24939-7_6

1 Semester	2 Semester	3 Semester	4 Semester	5 Semester	6 Semester	7 Semester
ABWL	F&E	Marketing	Logistik		Spezialisierung I	
Mathe	Transportwirtschaft	Zölle	Rechtliche Rahmenbedingungen		Spezialisierung II	
Buchführung	Bilanzierung	Handelsmanagement	Kosten- und Leistungsrechnung	Praxissemester	Spezialisierung III	Bachelorthesis
Mikroökonomie	Makroökonomie	Zahlungsverkehr	Wirtschaftsinformatik		Spezialisierung IV	
Statistik	Außenhandel	Finanzierung	Wirtschaftspolitik		Business Ethics	
Fremdsprache I	Fremdsprache II	Fremdsprache III	Fremdsprache IV		Femdsprache V	

Abb. 6.1 Beispiel – Curriculum

15 Vorlesungen besuchen müssen, welche dann in neun Klausuren abgefragt worden sind. Da ich mich unbedingt an das Curriculum halten wollte, habe ich mich für alle Klausuren angemeldet, aber schnell gemerkt, dass ich so viel nicht lernen kann. Als ich mit Kommilitonen darüber gesprochen habe, meinten alle, dass dieses Pensum nicht zu schaffen sei und dass sie auf keinen Fall alle Vorlesungen besuchen werden. Ich habe dann auch eine Klausur und somit zwei sehr lernintensive Vorlesungen auf ein späteres Semester geschoben. Dadurch wurde der Leistungsdruck für mich schon weitaus erträglicher, was uns direkt zum nächsten Punkt bringt:

6.2   Wie bekomme ich die besten Noten?

Dadurch, dass man sich nach den eigenen Lernfähigkeiten richtet, gewinnt man schon sehr viel. Wie eben erwähnt, habe ich sehr viele Klausuren bereits im ersten Semester geschrieben, da diese für dieses Semester vom Curriculum vorgegeben waren. Dies habe ich auch im zweiten Semester weiter so betrieben und erst danach umgeschwenkt und mich selbst organisiert. Mein erster Gedanke war nämlich, dass ich so schnell wie möglich mein Studium beenden möchte – also mindestens in Regelstudienzeit. Dadurch habe ich gerade in vielen leichten Fächern schlechte Noten geschrieben, da ich zu wenig Zeit pro Fach ins Lernen investieren konnte. Denn wenn man für schwere Fächer viel lernen muss, hat man einfach wenig Zeit für Fächer, die man sich eh zutraut zu bestehen. Dadurch habe ich mir meinen Schnitt letztlich ziemlich nach unten gezogen und da war ich definitiv nicht der Einzige, dem es so erging. Also sollte man sich sehr genau überlegen, wie viele Klausuren man in einem Semester wirklich schreiben möchte.

6.3   Wie plane ich meine Semester?

Eine gute Semesterplanung bezüglich der Klausuren ist essentiell, um gute Noten zu erzielen. Überschätzt man sich, kommt man schnell an einen Punkt, an dem man sich selbst überlastet und man nicht mehr die Leistung bringt, die man möchte.

Deshalb kann ich den Ratschlag geben, sich einmal hinzusetzen, um sich einen „Schlachtplan" fürs Studium zu erstellen.

1) Wie viele Klausuren muss ich im ersten Semester schreiben?
2) Wie viele Klausuren muss ich im gesamten Studium schreiben?

Sieht man hier schon, dass man im ersten Semester essenziell mehr Klausuren hat als in den folgenden, kann man sich direkt überlegen, hier eine Vorlesung in ein höheres Semester zu verschieben. Dies bringt den Vorteil, dass der Einstieg in das Studium angenehmer wird und man sich selbst erst mal an das neue Umfeld gewöhnen kann.

3) Welche Klausuren schreibe ich bei welchem Dozenten?

Hat man direkt mehrere Klausuren bei einem Dozenten, macht es im ersten Semester Sinn, nur eine bei diesem zu schreiben, um dessen Erwartungen besser einschätzen zu können. Dies gilt für jedes Semester, in dem man einen neuen Dozenten hat. Entweder spricht man mit Studenten aus höheren Semestern und lässt sich Ratschläge geben, was dieser Dozent in seinen Klausuren erwartet, oder man tastet sich langsam heran. So hat man im Zweifelsfall nur eine schlechte Note und nicht gleich zwei oder noch mehr.

4) Welche Klausur bringt wie viele Creditpoints?

Anhand der Creditpoints kann man den ungefähren Aufwand für ein Fach abschätzen. Je geringer die Creditzahl ist, die man für eine Klausur bekommt, desto geringer ist der zeitliche Aufwand für diese. So kann es auch Sinn machen, wenn man im Studium sehr viele Vorlesungen hat, die wenig Credits (2–3) geben, diese alle in einem Semester zu bündeln. Dies heißt, man arbeitet in diesem Semester dann vielleicht zehn verschiedene Fächer ab, aber jedes Fach hat zum Beispiel nur 100 Seiten Skript. Dies ist dann wieder leicht zu schaffen, wenn man bedenkt, dass manche Vorlesungen mit fünf Credits alleine bereits 500 Seiten und mehr zum Auswendiglernen haben. Hat man dann alle „kleinen" Kurse des Studiums abgearbeitet, kann man sich in den nächsten Semestern voll auf die großen/schwierigen Fächer konzentrieren, ohne dass viele kleine Vorlesungen in die Quere kommen. Dabei sollte man sich aber auch überlegen, wo die eigenen Defizite sind. Denn auch Fächer mit wenig Creditpoints können viel Zeit in Anspruch nehmen, wenn man sich mit deren Inhalt schwer tut. Ein solches Fach sollte man dann auch nicht mit zu vielen anderen Vorlesungen gleichzeitig belegen, da man Zeit zum Lernen benötigt.

5) Gibt es Kurse im Studium ohne Vorlesungen, sondern mit Projekten?

Wenn man ein Praktikum absolvieren muss, hat man nebenher oft noch geistige Kapazitäten übrig. Hat man also vom Studium aus Kurse, die mit einem Projekt ohne Klausur und ohne Vorlesungen abschließen, kann man diese nebenher erledigen. So hatte ich selbst auch die Möglichkeit, zwei Kurse neben dem Praktikum abzuschließen. Dadurch hat man nicht den Stress eines regulären Semesters, wo Projektabgaben und Klausurenphase oft gleichzeitig sind.

6) Möchte ich in Regelstudienzeit abschließen?

Vorweg: Hätte ich in Regelstudienzeit abschließen können, wäre mir dies persönlich auch lieber gewesen. Ich habe jedoch gemerkt, dass ich wohl ein bis zwei Semester mehr benötigen werde. Dies lag vor allem auch daran, dass ich ein freiwilliges Auslandssemester absolviert habe, in welchem ich nicht sonderlich viele Kurse schreiben konnte, die ich für mein Studium tatsächlich benötigte. Dies soll verdeutlichen, dass es durchaus Sinn machen kann, länger zu studieren als vorgesehen, um andere Ziele mit zu erreichen. So waren die Noten, die ich aus dem Ausland mitgebracht habe, dafür umso besser! Damit will ich nicht sagen, dass man unbedingt ins Ausland gehen muss, sondern dass es sinnvoll sein kann, ein oder zwei Semester länger zu studieren, um bessere Noten oder mehr Eindrücke zu bekommen. Denn wenn man sich für einen Master bewirbt, ist die Zeit, die man für den Bachelor benötigt hat, egal, hier zählt nur die Note. Auch in den Gesprächen mit Recruitern, die ich privat kennen gelernt habe, wurde mir oft gesagt; dass die Anzahl der benötigten Semester nicht so wichtig sei wie die Abschlussnote (diese sollte bei längerem Studium dann nur auch gut sein).

Beachtet man diese sechs Punkte vor Studienbeginn und arrangiert sich damit die Kurse so, wie sie für einen selbst am meisten Sinn ergeben, ist man definitiv schon besser aufgestellt als ein Großteil der Kommilitonen, die versuchen, sich in das vorgegebene System zu zwängen.

CP (=Creditpoints)/ECTS (=European Credit Transfer System)

Unter Creditpoints (auch ECTS genannt) versteht man die Gewichtung, die jedem einzelnen Kurs gegeben wird. Diese Gewichtung ist nicht an allen Universitäten gleich, sondern kann von diesen selbst gewählt werden. Legt eine Uni zum Beispiel einen starken Fokus auf mathematische Fächer, so werden Statistik und Mathekurse wohl eher mit jeweils acht statt mit 2–3 Creditpoints bewertet. Eine andere Uni legt den Fokus auf Logistik oder Marketing und hat somit dort eine hohe Creditbewertung. Diese Unterschiede sind jedoch nur wichtig, wenn man einen spezifischen Master machen möchte oder aber die Uni wechseln will und sich die schon absolvierten Leistungen anrechnen lassen möchte. Denn ein CP entspricht 30 h Arbeitszeit. Zu den Arbeitsstunden zählen z. B. das Besuchen der Lehrveranstaltung, aber auch deren Vor- und Nachbereitung [14]. Dies soll internationale Vergleichbarkeit von Kursen in den jeweiligen Studiengängen sicherstellen und ist allgemein gültig.

Also, was gibt es hier zu beachten?

1) Gesamtcreditpoints

   Die meisten Bachelorstudiengänge haben 180 oder 210 ECTS (European Credit Transfer System). Diese setzen sich aus je 30 ECTS pro Semester zusammen. Hat man also sieben Semester sind es 210, oder eben 180 ECTS bei sechs Semestern Studium.

2) Wahl eines Studienganges

   Schaut man sich im Curriculum die einzelnen Kurse an, sollten dort auch die Creditpoints zu sehen sein (Falls nicht, einfach bei der Uni nachfragen). Anhand dieser kann man dann sehen, worauf die Universität ihren Fokus legt und ob man den Studiengang denn so belegen möchte.

© Springer Fachmedien Wiesbaden GmbH, ein Teil von Springer Nature 2019
C. Obermeier, *Der Ratgeber für dein BWL Studium*, essentials,
https://doi.org/10.1007/978-3-658-24939-7_7

3) Masterpläne?

Plant man, den Master im Anschluss an den Bachelor zu machen, und weiß schon sicher, welche Fachrichtung man belegen möchte, sollte man dies anhand der ECTS absichern. Denn für spezifische Masterstudiengänge ist es manchmal Voraussetzung, eine gewisse Anzahl an ECTS in einem Fach im Bachelor erreicht zu haben.

4) Bei einem Wechsel in einen anderen Studiengang

Möchte man in einen anderen Studiengang wechseln und sich die bereits geschriebenen Kurse anrechnen lassen, müssen die ECTS (und der Inhalt des Kurses) ungefähr übereinstimmen. Schreibt man zum Beispiel Mathematik mit 3 Creditpoints, wird einem dieser Kurs in einem neuen Studiengang nicht anerkannt werden, wenn er dort mit acht Creditpoints bewertet wird. Dies liegt am oben erwähnten Arbeitszeitaufwand je Creditpoint und der zu sichernden Vergleichbarkeit der Kurse. Andersherum ist dies jedoch meist kein Problem, da man bereits mehr geleistet hat, als im neuen Studiengang dann nötig wäre.

Pflichtpraktikum und/oder Freiwilliges Praktikum

8

Ob es Sinn macht, ein Studium mit oder ohne Pflichtpraktikum zu belegen, oder ob man vielleicht ein freiwilliges Praktikum absolviert, kann durchaus einen großen Unterschied machen. Hat man bereits viele Erfahrungen im Berufsleben gesammelt, würde ein Praktikum seinen Zweck verfehlen. Denn in erster Linie geht es hier darum, Arbeitserfahrung im gewünschten Arbeitsumfeld zu sammeln. Das heißt auch, dass man ohne Vorerfahrung im Berufsalltag und ohne konkreten Berufswunsch besser auf ein Praktikum zurückgreift. Meiner Erfahrung nach hilft dies dabei, sich selbst bewusst zu machen, was man eigentlich einmal machen möchte. Oft wird man nämlich innerhalb eines Praktikums desillusioniert, was der Traumberuf denn nun wirklich bedeutet. Auch macht sich jedes Praktikum gut im Lebenslauf, da es zeigt, dass man sich über Berufe informieren möchte, die einen interessieren. Außerdem ist Berufserfahrung immer gerne gesehen.

Zu beachten ist also
1) Habe ich bereits Arbeitserfahrung in dem Feld, in dem ich später arbeiten möchte? Wenn nein, ist ein Studiengang mit Pflichtpraktikum sicher nicht die falsche Wahl und auch mit Arbeitserfahrung macht es zumindest dahin gehend Sinn, sich bei potenziellen Arbeitgebern vorzustellen und zu netzwerken (vor allem, wenn man gerade vor dem Abschluss steht).
2) Habe ich noch keine Ahnung, wo und in welcher Abteilung ich eigentlich arbeiten möchte, oder sind die Vorstellungen sehr vage? Wenn das der Fall, ist, gilt an sich dasselbe. Ein Praktikum kann hier Klarheit bringen, wie es auch bei mir der Fall war. Denn nach meinem Praktikum im reinen Controlling habe ich gemerkt, dass dies zu wenig Kreativität mit sich bringt, die ich mir in meinem Arbeitsalltag jedoch wünsche.

© Springer Fachmedien Wiesbaden GmbH, ein Teil von Springer Nature 2019
C. Obermeier, *Der Ratgeber für dein BWL Studium*, essentials,
https://doi.org/10.1007/978-3-658-24939-7_8

3) Bietet sich mir eine gute Chance?
   Hier kann es sogar Sinn machen, zusätzlich zu einem Pflichtpraktikum
   ein freiwilliges Praktikum zu absolvieren. Denn als Student ist ein solches leichter zu bekommen als nach dem Abschluss und wenn man die
   Chance hat sich einen renommierten Konzern anzuschauen, ist dies nie
   verkehrt. So bot sich diese Chance zum Beispiel einem guten Freund
   von mir bei einem der großen deutschen Autobauer in der Zentrale. Von
   seinen dort gesammelten Erfahrungen profitiert er bis heute, sowohl
   durch seine Aufgabenfelder vor Ort, als auch durch das Arbeitszeugnis
   und den Eintrag im Lebenslauf.

Was man jedoch auch immer bedenken sollte, ist, dass man für ein Praktikum
oftmals umziehen muss. Das bringt viel logistischen Aufwand mit sich, gerade
wenn man nicht zu Hause, sondern in einer eigenen Wohnung oder WG wohnt.
Dies heißt letztlich, man muss diese aufkündigen oder zwischenvermieten. Wenn
auch noch Auslandssemester hinzukommen, kann das viel Stress auf kurze Zeit
bedeuten. So bin ich innerhalb von eineinhalb Jahren drei Mal umgezogen. Für
mich war es den Stress im Nachhinein wert. Ob man dies möchte oder einfach
nur ein Studium ohne Umwege durchziehen will, sollte man sich aber vorab gut
überlegen. Freunde von mir sind noch öfter umgezogen und bereuen auch nichts.
Es wäre jedoch gelogen zu behaupten, dass zwischenmenschliche Beziehungen
nicht darunter leiden würden.

Welches Praktikum ist das richtige für mich?
Herauszufinden, welches Praktikum am besten für einen geeignet ist, kann
schwieriger sein, als man denkt. Denn gerade ein so langes Praktikum, wie es
das Pflichtpraktikum ist, sollte einem meines Erachtens mehr bringen als nur
die Erkenntnis, ob man den Job auch nach dem Studium machen möchte oder
nicht. Denn wenn man sich gegen den Beruf entscheidet, hat man ein halbes Jahr
in etwas investiert, das keinen Nutzen mehr für einen hat. Deshalb ist es wichtig, sich vor dem Praktikum Gedanken darüber zu machen, in welchen Fächern
man gut ist und welche einem am meisten Spaß machen. Vergleicht man diese
dann mit eventuellen Berufswünschen, kann man die Auswahl der Berufsfelder
schon einmal stark einschränken. So hängen Marketing und Vertrieb zum Beispiel zusammen und was man im Praktikum bei einer Abteilung lernt, kann man

auch in der anderen nutzen. Gleiches gilt für Controlling und Buchführung oder Wirtschaftspolitik und Risk Management in internationalen Firmen. Auch bringt einem der Einsatz von Excel oder SAP so ziemlich in jedem Job etwas. Enthält ein Praktikum viele Aufgaben in einem dieser Programme, so kann man dieses Wissen garantiert im Anschluss auch wieder verwenden.

Netzwerken 9

Das Netzwerken wird von vielen Studenten – und so anfangs auch von mir – unterschätzt. Gerade in den ersten Semestern lernt man viele neue Leute kennen, die mit einem die Uni besuchen und man ist ständig unterwegs, sei es auf Universitäts- oder Privatveranstaltungen. Hier bringt es einem viel, Kontakt zu diesen Personen zu halten. Denn in den höheren Semestern verläuft sich das alles sehr schnell wieder. Die einen gehen in Auslandssemester, andere ins Praktikum und die ersten sind mit dem Studium schon fertig. Hat man dann Probleme mit der Thesis oder anderen Seminarpapers, ist es immer gut zu wissen, was andere bereits gemacht haben. Diese Hilfe kann essenziell sein, um zum Beispiel Umfragewerte von einem Kommilitonen zu bekommen, der über ein ähnliches Thema die Bachelorarbeit verfasst hat, was man selbst noch vorhat. Aber auch nach dem Abschluss ist es ein großer Vorteil, gut vernetzt zu sein, denn wenn man arbeitet und sich ein Job in der eigenen Firma auftut, ist es nie schlecht, jemanden vorschlagen zu können, dem man bereits im Studium viel zugetraut hat, und dies gilt natürlich auch umgekehrt. Man findet selbst oft leichter einen Job, wenn man bereits jemanden in der Firma kennt, in die man wechseln möchte (oder man wird direkt abgeworben).

Am besten hierfür sind Seiten wie www.Xing.com [15] und www.Linkedin.com [16]. Diese sind extra für das Netzwerken in der Arbeitswelt gestaltet und auch Headhunter sowie Firmen rekrutieren ihre Angestellten von dort. Der Vorteil dieser Seiten liegt auch darin, dass alle Beteiligten wissen, dass es sich bei der „Freundschaft" um eine mehr berufliche als private handelt, was auch den größten Unterschied zu Facebook darstellt. Man kann diese Webseiten also als Onlinelebenslauf verstehen, mit dem man nach außen wirbt und nach innen Kontakt zu interessanten Personen hält. Ich kann also nur jedem angehenden Studenten empfehlen, sich auf solchen Plattformen anzumelden, um möglichst früh ein weit verzweigtes Netzwerk zu den verschiedensten Personen aufzubauen.

© Springer Fachmedien Wiesbaden GmbH, ein Teil von Springer Nature 2019
C. Obermeier, *Der Ratgeber für dein BWL Studium*, essentials,
https://doi.org/10.1007/978-3-658-24939-7_9

9.1 Wie mache ich auf mich aufmerksam?

(Den Freundeskreis, den man sich während des Studiums eh aufbaut, lassen wir in diesem und dem nächsten Punkt außen vor)

Sich selbst hervorzuheben fällt nicht jedem gleich leicht. Extrovertiert zu sein hilft hier bereits erheblich, aber auch gutes Fachwissen und hilfreiche Ratschläge in Gruppenprojekten oder privat können hierzu beitragen. Ich selbst war auch zu Studienbeginn noch der Meinung, ich muss kein Netzwerk aufbauen, sondern kann rein mit meinem Können meine Ziele erreichen. Im Studium selbst ging das auch ganz gut, da ich oft kritische Fragen in den Vorlesungen und Projekten gestellt habe und die Dozenten so auf mich zugekommen sind. Gerade im Praktikum wurde mir hier jedoch der Spiegel vorgehalten. Egal wie gut oder wie schnell man gearbeitet hat, man hat zwar ein Lob bekommen, mehr aber auch nicht. Letztlich wurde mir sogar von meinen Vorgesetzten gesagt, ich falle nicht genug auf und solle mich mehr hervorheben. Auf meine Frage hin, wie ich das machen soll, wenn nicht durch meine Arbeit, meinten diese, ich müsse mehr bekräftigen, was ich gerade mache. Egal ob in der Kaffeeecke oder beim Mittagessen, ich solle mehr den Kollegen erzählen, an was für tollen Aufgaben ich gerade sitze und welchen Mehrwert ich der Firma/Abteilung bringe. Da ich nicht die Person bin, die gerne prahlt, wollte ich dies zwar eigentlich nicht, habe es aber dann doch getan und siehe da: auf einmal kannten mich viel mehr Leute in der Firma und ich wurde gegrüßt und öfter zu Kaffeepausen, etc. eingeladen. Auch bekam ich auf einmal Projekte und Aufgaben aus anderen Abteilungen zugeteilt, was viele interessante Einblicke und neue Kontakte ermöglicht hat.

Zusammenfassend sind also folgende Punkte wichtig
- Gute Arbeit abliefern (egal ob in Uniprojekten oder im Praktikum)
- Kontakt zu den Dozenten suchen (gerade, wenn man Interesse an einem Fach hat)
- Auf die eigene Arbeit hinweisen (zeigen, dass man etwas Nützliches macht)
- Mit so vielen Personen fachlich sprechen wie möglich

9.2   Wie knüpfe ich Kontakte?

Das Kontakteknüpfen hängt direkt damit zusammen, auf sich aufmerksam zu machen. Denn nur wenn man anderen Personen auffällt, kommt man auch mit diesen ins Gespräch. Man kann natürlich auch direkt auf andere Personen zugehen und mit diesen sprechen, dafür muss man dann aber auch der Typ sein. Wenn man schüchtern rüberkommt, muss man fachlich umso mehr überzeugen können, als wenn man ungezwungen und frei sprechen kann (fachliche Kompetenz muss man jedoch in beiden Fällen mitbringen). Nun benötigt man nur noch Gelegenheiten, um neue Kontakte aufzubauen/kennenzulernen und somit das eigene Netzwerk zu vergrößern. Abgesehen von den Orten, an denen man sich generell während des Studiums aufhält, sind folgende Events immer gut um Visitenkarten zu sammeln:

- Jobmessen
- Studentenklubs (Gründerklub, Sportklub,)
- Studentenvereinigungen (z. B. AStA = Allgemeiner Studierendenausschuss)
- Firmenbesichtigungen von der Universität
- Exkursionen durch Vorlesungen
- Praktika
- Auslandssemester

Man sollte sich jedoch auch immer überlegen, welcher Kontakt denn wichtig ist und welchen man gar nicht benötigt. So macht es natürlich keinen Sinn, auf eine Messe zu gehen und sich von jeder Person dort eine Visitenkarte geben zu lassen. Klüger ist es, sich für die Aussteller, die einen wirklich interessieren, Zeit zu nehmen und ausführlich mit diesen zu sprechen. So bleibt man diesen Personen eher im Gedächtnis für den Fall, dass man in Zukunft etwas von diesen möchte (z. B. einen Job).

Bachelorthesis 10

Die Thesis ist zwar gerade am Anfang vom Studium noch sehr weit weg, dennoch schadet es nicht, schon einmal die Augen offen zu halten. Belegt man zum Beispiel eine Vorlesung mit einem interessanten Thema oder einem für sich angenehmen Dozenten, sollte man hier direkt den Kontakt suchen. Zu Beginn kann man nachfragen, ob es denn generell möglich ist, eine Thesis bei diesem Dozenten zu schreiben. Falls dies dann nicht möglich ist, kann man sich immer noch erkundigen, ob ein anderer Dozent für dieses Thema zu haben ist, und wird mit Glück direkt vom eigenen Dozenten an einen solchen weitergeleitet.

Auch falls einem selbst ein interessantes Thema einfällt, über das man schreiben kann, sollte man dieses im Hinterkopf behalten. In der Regel bevorzugen viele Dozenten es, wenn man mit eigenen Themen an sie herantritt, da sie für ihre eigenen Themen eh fast immer jemanden finden, der diese bearbeitet.

10.1 Thema finden

1) Ein Thema zu finden fällt vielen Studenten schwer, da eigenständiges Suchen nach aktuellen Themen nicht wirklich etwas ist, das an Universitäten gefördert wird. Deshalb bietet es sich an, wenn man keine Ahnung hat, worüber man schreiben soll, die Ausschreibungen von Dozenten zu verfolgen. Diese geben nämlich oft Themen für mögliche Thesen bei ihnen heraus. Dies liegt daran, dass Professoren mehr oder weniger zum Forschen verpflichtet sind und dafür oftmals Hilfestellung gebrauchen können. Also geben sie die zu untersuchenden Thematiken in Form von Thesen an die Studenten aus. Somit erspart man sich die Suche nach einem Dozenten zur Betreuung und hat auch gleich ein Thema zum Bearbeiten.

© Springer Fachmedien Wiesbaden GmbH, ein Teil von Springer Nature 2019

C. Obermeier, *Der Ratgeber für dein BWL Studium*, essentials,

https://doi.org/10.1007/978-3-658-24939-7_10

2) Sich selbst ein Thema zu suchen kann dahin gehend etwas schwieriger sein. Denn man muss darauf achten, dass man nicht nur eine These aufstellt, die man belegen möchte, sondern auch, dass diese wissenschaftlich zu beweisen ist. Das heißt man sollte sich sicher sein, dass es genügend Quellen zu dem Thema gibt das man bearbeiten möchte. Denn wenn dem nicht der Fall ist, kann es sein, dass man die Thesis anmeldet und dann feststellt, dass man die eigene These gar nicht beweisen kann. Dadurch ist die Bachelor- oder Masterthesis dann nicht mehr zu bestehen und man fällt durch.

Dafür bietet einem die eigene Suche aber die Freiheit, über ein Thema zu schreiben, das einen persönlich auch bewegt. Gerade wenn man Kenntnisse in speziellen Themengebieten hat, kann dies bei Weitem sinnvoller sein als einfach das nächstbeste Thema eines Dozenten zu nehmen, nur um sich Arbeit zu ersparen. So hatte ein Freund von mir zum Beispiel eine Idee für ein Start-up und dann einen Businessplan für dieses als Bachelorthesis geschrieben. Ein anderer Bekannter war im Auslandspraktikum in Abu Dhabi bei der AHK und hat dort so viel Wissen über die arabische Welt gesammelt, dass er als Thesis über die Vision 2030 von Saudi-Arabien geschrieben hat. Diese Beispiele stellen auch gleich zwei Möglichkeiten dar ein eigenes Thema zu finden.

– Sei es durch eine eigene Geschäftsidee,
– oder durch persönliche Erfahrungen

Des Weiteren kann man auch durch das Lesen von Zeitungen und durch Nachrichten leicht an aktuelle Themen kommen. Als Tipp – ich habe mir ein Notizbuch nur für Ideen angelegt und mir immer alles aufgeschrieben, das ich für ein mögliches Thema gehalten habe.

3) Eine Thesis für bzw. mit einem Unternehmen schreiben? Eine weitere Möglichkeit für ein Thema ist die Kooperation mit einem Unternehmen. Gerade große Konzerne, aber auch KMUs (Kleine und Mittelständische Unternehmen) schreiben Bachelor- oder Masterthesen aus. Dabei richtet sich die ausgeschriebene Thesis immer nach einer aktuellen Problemstellung der Unternehmen. Viele meiner Kommilitonen und Freunde haben eine solche kooperative Thesis geschrieben und dabei folgende Vor- und Nachteile am meisten genannt.

Vorteile
- das Thema ist vorgegeben
- man bekommt Hilfe bei der Quellensuche etc. durch das Unternehmen

- man bekommt eine Bezahlung während der gesamten Zeit, in der man die Thesis schreibt
- es gibt oft Übernahmechancen im Unternehmen nach Beendigung der Thesis
- man sammelt Berufserfahrung im Unternehmen

Nachteile

- Die Bezahlung ist oft nicht sehr hoch, dafür aber die Leistungserwartung
- Man ist der Firma weisungsgebunden, d. h. man muss die Thesis genau so schreiben, wie es die Firma vorschreibt (dabei muss man aber auch die Vorgaben der Universität noch zusätzlich erfüllen).

10.2 Dozenten zur Betreuung der Thesis finden

Einen Professor für die Betreuung zu finden, ist an sich leicht. Man entscheidet sich für Thema, über das man schreiben möchte, und meldet sich dann bei einem Prof., der dafür zuständig ist. Der Unterschied liegt in deren Verfügbarkeit: Bei kleinen Universitäten gibt es weniger Studenten und somit weniger Personen, die eine Thesis schreiben müssen. Den gewünschten Dozenten zur Betreuung zu bekommen ist hier also leichter als bei großen Universitäten, bei denen jedes Semester hunderte Studenten eine Abschlussarbeit schreiben möchten. Deshalb der einfache Ratschlag: umso größer die Universität, desto früher sollte man sich um seinen betreuenden Professor bemühen. Bei kleinen Unis, wie meiner, mit gerade einmal 3500 Studenten, reicht auch ein Semester im Voraus. Vorsicht ist hier noch geboten, wenn man sich für Themen bewirbt, die der Professor selbst ausschreibt. Denn es ist nicht garantiert, dass man dieses auch bekommt, weshalb man besser generell anfragt, ob der Professor Kapazitäten frei hat. Dann kann man sich zur Not auch noch ein eigenes Thema suchen, wenn ein anderer Student das ausgeschriebene bekommt. Denn erst einmal ist die Verfügbarkeit wichtig und dass man einen Professor hat, der einen bei der Thesis betreut, da es sonst sein kann, dass man einige Monate warten muss, bis der richtige Prof. wieder Zeit für einen hat.

Persönliche Erfahrungen

11

Unabhängig von allen bereits beschriebenen Punkten gibt es noch einige generelle Dinge, die ich hilfreich gefunden hätte, vor oder bei Studienbeginn zu wissen. Dazu gehört zum Beispiel die Tatsache, dass Universitäten gerne zu Beginn des Studiums einen Teil ihrer Studenten aussortieren. Dies geschieht dadurch, dass sie Studienfächer, die eine besonders hohe Durchfallquote haben, laut Curriculum direkt in die ersten Semester legen. So fallen viele Studenten durch und verlassen die Uni wieder, weil sie denken, nicht für dieses Studium geeignet zu sein. Diese Überforderung kann man jedoch leicht umgehen, wenn man einige Fächer schiebt und sich auf jene konzentriert, bei denen am meisten durchfallen oder man sich schwer tut. Selbst wenn man am Ende des Studiums dann länger als die Regelstudienzeit studieren muss, hat man aber immer noch seinen Wunschstudiengang erfolgreich abgeschlossen. Die Anzahl der benötigten Semester interessiert – wie gesagt – die wenigsten Personaler, die einen einstellen wollen, solange man dafür dann gute Noten hat.

Auch wichtig am Anfang des Studiums ist, wie man richtig lernt. Da man in der Regel nur eine Klausur pro Fach hat und diese am Ende eines jeden Semesters liegt, verliert man leicht den Überblick, wie viel man denn eigentlich zu lernen hat. Da jeder unterschiedliche Methoden zum Lernen besitzt, will ich deshalb an dieser Stelle nur den Rat geben, sich immer bewusst zu machen, wie viel Stoff man denn wirklich noch verinnerlichen muss. Ich zum Beispiel habe mir Zusammenfassungen geschrieben und dann jedem Fach eine gewisse Zeit vor der Klausur zugeteilt, die ich benötigte, um jene Zusammenfassungen zu lernen. Dabei waren ca. 20 Seiten Zusammenfassung am Tag mein Maximum, das ich wiederholen konnte. Da ich alles zweimal vor den Klausuren durchgegangen bin, habe ich bei durchschnittlich 200 Seiten Zusammenfassung pro Semester 20 Tage Vorbereitung für die Klausurenphase benötigt.

© Springer Fachmedien Wiesbaden GmbH, ein Teil von Springer Nature 2019   39
C. Obermeier, *Der Ratgeber für dein BWL Studium*, essentials,
https://doi.org/10.1007/978-3-658-24939-7_11

Ein für mich persönlich wichtiger Punkt ist es, neue Freunde zu finden, mit denen man durchs Studium geht. Ganz unabhängig vom angesprochenen Punkt „Netzwerken" muss man sich meiner Meinung nach wohlfühlen an dem Ort, an dem man für mindestens drei Jahre sein Leben verbringt. Dazu gehört es, seine Gedanken und Freizeit mit Personen teilen zu können. Deshalb ist es mein von Herzen kommender Rat, jedes Event der Universität zum Kennenlernen eurer Kommilitonen wahrzunehmen. So trifft man gleich neue Leute, und mit wem man sich dann zusammen tut, bleibt einem dann immer noch selbst überlassen. Auch das Leben in einer WG kann ich nur empfehlen, um besser anzukommen. Jedoch sollte hier die Chemie stimmen und je größer die WG, desto schwieriger wird es, die richtigen Leute zu finden, die dazu passen. Meine erste WG war zum Beispiel eine Fünfer-WG und der Zusammenhalt war am Anfang super. Dann zog ein Mitbewohner aus und eine alte Freundin einer anderen Mitbewohnerin mit ein. Dadurch hatten wir dann eine Grüppchenbildung innerhalb der WG und die beiden haben sich selbst von allem ausgeschlossen. Dies zu vermeiden sollte man immer beachten, zusätzlich kann es schwierig sein, wenn in der WG Arbeiter und Studenten zusammen wohnen. Die einen wollen dann Party machen und der Rest schlafen. Oder umgekehrt, es ist Prüfungszeit und die arbeitenden Mitbewohner haben frei und machen Party und man selbst kann nicht lernen/schlafen. Direkt an den Tagen vor Prüfungen kann dies sehr anstrengend sein. Solche Dinge sind leider nicht nur bei meiner, sondern auch bei den WGs von Freunden mit ähnlich vielen Mitbewohnern öfter vorgekommen. Aus meiner Erfahrung heraus kann ich aber sagen, dass Dreier- oder Zweier-WGs am besten funktionieren, da man sich leichter tut, einen passenden neuen Mitbewohner zu finden, der zu einem passt, als wenn man diesen auf den Charakter von vier oder mehr Mitbewohnern abstimmen muss. Dennoch, das WG-Leben bereichert einen gerade am Anfang des Studiums sehr, vor allem, wenn die Mitbewohner auch gerade das Studium beginnen. Man erkundet die Stadt, geht zusammen in die Uni und auf Partys und hängt gemeinsam beim Serienschauen ab. Das alles hilft einem sich von Anfang an gut angekommen zu fühlen.

Was sie aus diesem *essential* mitnehmen können

- Ein Verständnis über die Inhalte von BWL Studiengängen
- Klarheit über die eigenen Ziele im Studium
- Einen Leitfaden für die Studienplanung

© Springer Fachmedien Wiesbaden GmbH, ein Teil von Springer Nature 2019 41
C. Obermeier, *Der Ratgeber für dein BWL Studium,* essentials,
https://doi.org/10.1007/978-3-658-24939-7

Literatur

1. https://wirtschaftslexikon.gabler.de/definition/allgemeine-betriebswirtschafts-lehre-51962/version-275113 Zugriff 28.10.2018 Herausgeber: Gabler Wirtschaftslexikon
2. https://www.wiwi.uni-augsburg.de/studium/studiengaenge/ Zugriff 28.10.2018 Herausgeber: Universität Augsburg
3. https://www.hwr-berlin.de/studium/studienangebot/ Zugriff 28.10.2018 Autor: Hochschule für Wirtschaft und Recht Berlin
4. https://www.uni-bamberg.de/studienangebot/studienfaecher-alphabetisch/ Zugriff 28.10.2018 Herausgeber: Otto-Friedrich-Universität Bamberg
5. https://www.oth-regensburg.de/fakultaeten/allgemeinwissenschaften-und-mikrosystemtechnik/studiengaenge/bachelor-international-relations-and-management.html Zugriff 28.10.2018 Herausgeber: Ostbayrische Technische Hochschule Regensburg
6. https://www.study-in.de Zugriff 28.10.2018 Herausgeber: DEUTSCHER AKADEMISCHER AUSTAUSCHDIENST E. V. (DAAD)
7. www.bachelor-and-more.de Zugriff 28.10.2018 Herausgeber: border concepts GmbH
8. www.studienwahl.de Zugriff 28.10.2018 Herausgeber: Stiftung für Hochschulzulassung
9. www.hochschulkompass.de Zugriff 28.10.2018 Herausgeber: Stiftung zur Förderung der Hochschulrektorenkonferenz/Zuständige Stiftungsaufsichtsbehörde: Bezirksregierung Köln
10. https://www.arbeitsagentur.de/bildung/studium Zugriff 28.10.2018 Herausgeber: **Bundesagentur für Arbeit (BA)**
11. https://www.bmas.de/DE/Themen/Arbeitsrecht/Mindestlohn/mindestlohn-praktikum.html Zugriff 28.10.2018 Herausgeber: Bundesministerium für Arbeit und Soziales (BMAS)
12. https://www.hs-worms.de/iba-bachelor/ Zugriff 28.10.2018 Herausgeber: Hochschule Worms
13. https://www.wiwi.uni-augsburg.de/ibe/studienverlauf/ Zugriff 28.10.2018 Herausgeber: Universität Augsburg
14. https://gradeview.io/blog/2014/01/24/was-ist-ein-cp-was-sind-ects-punkte/ Zugriff 28.10.2018 Herausgeber: GradeView (Ein Service von Staufenbiel Institut)

© Springer Fachmedien Wiesbaden GmbH, ein Teil von Springer Nature 2019 43
C. Obermeier, *Der Ratgeber für dein BWL Studium*, essentials,
https://doi.org/10.1007/978-3-658-24939-7

15. www.Xing.com Zugriff 28.10.2018 Herausgeber: XING SE

16. www.Linkedin.com Zugriff 28.10.2018 Herausgeber: LinkedIn Ireland Unlimited Company

17. Die Inhalte in diesem Buch, welche Bezug auf die erwähnten Universitäten und Hochschulen nehmen, beruhen auf den Erfahrungen meiner Bekannten und mir selbst. Da sich die Lehrveranstaltungen/Curricula und Ähnliches konstant ändern, können diesbezüglich einzelne Aussagen mit der Zeit ihre Gültigkeit verlieren.